フライパンひとつで作る
ゆるごちそう　煮込み・蒸し・スープ

長谷川あかり

はじめに

「フライパンひとつ」

この一言があるだけで、とっつきにくいごちそう料理も

無理なく作れる気がしてうれしくなりませんか。

私もこの言葉の説得力に惹かれている人間のひとりです。

レシピ作りもそうですが、普段の食事も

ほとんどフライパンひとつでまかなっている私。

炒める、焼く、揚げるだけじゃなく、煮る、蒸す、スープまで

フライパンひとつで作っています。

中でも今回は、「煮込み料理」「蒸し料理」「スープ」に

焦点を当て、一冊のレシピ本としてまとめました。

実は私自身、食欲旺盛なわりに胃弱体質なこともあり、

食材をやわらかく煮込んだり、ホクホクに蒸したりと、

体の内側にすっと浸透していくようなやさしい食事を

普段からたくさん作っています。

そんな私にとって、煮込み、蒸し、スープはまさに十八番料理。

消化吸収に優れていて、体に負担なくしみ込んでいく

温かくてゆるりとしたごはんは、家でしか食べることのできない

一番贅沢で貴重な食事だと思っています。

コンソメやだしの素をあえて使わず、最低限の調味料で味つけして、

火にかけるだけ。15分でさっと作れる軽い煮込みから、

時間がおいしくしてくれるじっくり煮込み、

バリエーション豊かな蒸し料理、おかずになるボリュームスープまで。

シンプルで飽きのこない、手間をかけた以上においしくなる

滋味あふれる味わいに仕上げました。

自分のために作るもよし、誰かのために作るもよし。

シチュエーションやシーンを問わずに楽しめるというのも、

「ゆるごちそう」の魅力のひとつ。

どうぞ気楽に楽しんでもらえたらと思います。

もくじ

はじめに 2
"フライパンひとつ"のここが魅力！ 8
フライパン選びのコツ 10

Part 1 15分でいただきます！
ゆる煮込み

鶏ひき肉となすのしそクリーム煮 12
パセリミートボールのクリーム煮 14
たらと白菜、ベーコンの煮込み 16
豚肉といんげん、アミエビのごま煮込み 18
鶏むね肉のレモン煮 たらこソース 20
サーモンとチンゲン菜のチリ煮込み 22
豆腐と長いもの煮込み 24
豚肉とキャベツの塩昆布豆乳煮 26
鶏と塩もみ大根の梅コチュジャン煮 28
さば缶と納豆のみぞれ煮 30
牛肉ときゅうりの煮物 32
鮭としめじのだし煮 34
塩さばの10分アクアパッツァ 36
サルシッチャ風つくねと春菊の煮込み 38

Part 2 じっくりやわらか
ごちそう煮込み

ほうれん草とチキンのシチュー 42

ヨーグルトでシュークルート風 44

基本調味料でハヤシライス 46

豚スペアリブとさつまいものハーブ煮 48

カジキマグロとパプリカの煮込み 50

鶏肉と玉ねぎのビール煮 52

豚こま団子と納豆のポークビーンズ風 54

鶏肉とれんこんとしいたけの梅煮 56

手羽元と根菜の昆布しょうゆ煮 58

鶏ごぼうクリームシチュー 60

トマト豚じゃが 62

Part 3 うまみを引き出す
フライパン蒸し

サーモンとキャベツのハーブ蒸し 66

まるごとピーマンと豚バラのポン酢蒸し 68

シーフードとオクラのバジル蒸し 70

牡蠣とごぼうのしょうがじょうゆ 72

鶏むね肉と小松菜のビネガー蒸し 74

あさりと長ねぎ、わかめのガーリックオイル蒸し 76

味噌漬け豚ロースと白菜の酒蒸し　78

酒蒸し塩ぶり大根　80

牛にんじん　82

豆腐と豚ひき肉のフライパン蒸し　84

鶏肉とまるごとなすのなつかし蒸し煮　86

ブロッコリーとたこ、じゃがいもの
ガーリックオイル蒸し　88

豚肉とりんごのワイン蒸し　89

ひらひらズッキーニと豚肉の梅蒸し　90

鶏もも肉とまいたけのナンプラーバター蒸し　91

Part 4 基本調味料で作る
おかずスープ

大根と豚肉のスープ　94

たらと水菜の梅ローリエスープ　96

鶏肉とトマトの味噌キムチスープ　98

かぶと鶏ひき肉の昆布だしスープ　100

アボカドと豚肉、トマトのピリ辛スープ　102

焼き鶏手羽と長ねぎの柚子スープ　104

高菜漬けのミネストローネ　106

切干大根とウインナーのマスタードスープ　107

油揚げとしらす、白菜のスープ　108

小松菜とベーコンのガーリックスープ　109

Column 1　段取り力アップ！ 30分のタイムスケジュール　40
Column 2　気分に合わせて盛りつけも変化　64
Column 3　お好みのオイルで味変を楽しんで　92

食材別さくいん　110

本書のきまり

- 小さじ1は5ml、大さじ1は15mlです。ひとつまみは、親指、人さし指、中指の3本の指先でつまんだ量です。少々は、親指と人さし指の指先でつまんだ量です。
- 電子レンジは600Wを基準にしています。500Wの場合は、1.2倍を目安に様子を見ながら加熱時間を加減してください。
- 野菜は特に記載のない場合は中サイズのものを使っています。
- 野菜やきのこ類は特に記載がない限り、皮をむき、種やワタを除いたり、石づきを落としたりしています。
- しょうがやにんにくは生のものを使用しています。
- 植物油は、米油やサラダ油、太白ごま油など、香りの少ない油を使用してください。
- バターは有塩のものを使用しています。
- みりんは本みりんを使用しています。
- 料理酒は一般的な「塩分入り」のものを使用しています。清酒または塩分が入っていない料理酒を使う場合は、酒100mlに対して塩小さじ1/4〜1/3をよく溶かして代用してください。

"フライパンひとつ"のここが魅力!

焼く・煮る・蒸す
マルチに調理できる

フライパンの一番の魅力は、使い勝手が良いところ。深さがあるタイプを選べば、「焼く」「炒める」「揚げる」「煮る」「蒸す」「炊く」とあらゆる調理に対応できます。ひとつで何役もこなせるオールラウンダーだから、一人暮らしをはじめるとき何かひとつ買うとしたらフライパンがおすすめ。狭いキッチンでも扱いやすく、"フライパンひとつで作る"と聞くと簡単に思えるから不思議です。自炊のハードルが下がり、構えずに料理をはじめられます。

"煮込み"は
失敗知らずな料理

じつは私、炒め物はほとんど作りません。焦げ付くリスクがある炒め物はどうしても油が必要になりますし、つきっきりで火加減に気を使わなければならず、味つけに失敗したときのリカバリーも難しいからです。一方で、煮込みや蒸し料理はフライパンに材料を入れたら、加熱中はほったらかしにできるところが気楽。水分量がある分、焦げ付く心配がなく、油も最小限で済みます。味が濃かったら水分を足せばいいし、薄ければ煮つめればいい。あとから調整できるので、じつは失敗が少ない料理なのです。

フライパン選びのコツ

深型フライパンが
万能なんです

煮込みもスープも
おまかせ！

22cm

5cm

サイズの目安

私が愛用しているのは、ウルシヤマ金属工業のクワトロプラス-IH、直径22cmのもの。サイズ感がちょうどよく、まったく同じフライパンを4つ持っているほどお気に入りです。

1人〜2人分…22〜24cm
3人〜4人分…26cm以上

深さ5〜6cmの深型フライパンは煮込みや蒸し料理、汁物も作れて万能です。素材はいろいろありますが、焦げ付きにくく、お手入れが簡単なフッ素樹脂加工のものが使いやすいです。大きさは作る分量によって変わります。この本のレシピは2人分なので、直径22〜24cmがおすすめ（これより小さいとあふれてしまう可能性があります）。4人分なら直径26cmで、レシピを倍量にして作ってください（蒸し料理の水分量は食材により1.3〜1.5倍で調整）。

Part 1
15分でいただきます！
ゆる煮込み

忙しい平日に大活躍の
軽い煮込み。火が通りやすい
薄切り肉や魚などを、
野菜と一緒にさっと煮込んで。

鶏ひき肉となすの しそクリーム煮

なすは皮をむくと
短時間でやわらかくなり、
味しみもよくなります。
青じその風味がアクセント

材料（2人分）

| 鶏ももひき肉…200g
| 塩…ひとつまみ

なす（皮をむいて横半分に切り、さらに縦半分に切って端から1cm幅の細切り）…3本

小麦粉…大さじ1

A | 水…200ml
　| 白ワイン…大さじ2

B | 生クリーム…100ml
　| 塩…小さじ1/2

青じそ（せん切り）…10枚
レモン（くし形切り）…適量
オリーブオイル…大さじ1

作り方

1 フライパンにオリーブオイルを入れて中火で熱し、鶏ひき肉を入れて塩をふる。あまり触らずに表面を焼き、木べらなどでざっくりと分ける。

2 肉にほぼ火が通ったら、なすを加え、2分ほど炒める。

3 小麦粉をふり入れ、粉っぽさがなくなるまで炒め、Aを加える。煮立ったら、ふたをして弱めの中火で8分煮る。

4 Bを加えてさっと煮たら、青じそを加えて火を止める。味をみて塩少々（分量外）でととのえ、器に盛ってレモンを添える。

パセリミートボールのクリーム煮

P12と同じクリーム煮ですが、さらに簡単かつごちそう感アップ。肉団子はパセリ入りでリッチに

材料(2人分)

肉だね
- 鶏ももひき肉…250g
- パセリの葉(粗く刻む)…5本分(30g)
- 料理酒…大さじ2
- 片栗粉…大さじ1/2
- 塩…小さじ1/4
- おろしにんにく…小さじ1/4

A
- 牛乳・生クリーム…各100ml
- 塩…小さじ1/4
- レモン汁…小さじ1

粗びき黒こしょう…適量
オリーブオイル…小さじ1/2

とろみの素
- オリーブオイル・小麦粉…各小さじ1と1/2

1 2
3 4

作り方

1 ポリ袋に肉だねの材料を入れ、よくもんで混ぜ合わせる。容器にとろみの素の材料を入れ、混ぜておく。

2 フライパンにオリーブオイルを引き、1の肉だねを一口大に丸めて並べる。

3 中火にかけ、表面が軽く色づいてかたまるまで焼く。

4 Aを加えてひと煮立ちしたら、ふたをして弱火で5分煮る。火を止めてとろみの素を回し入れ、よく混ぜて再び弱火〜弱めの中火(静かにふつふつする程度)にかけ、とろみがつくまで1分少々煮る。味をみて足りなければ塩(分量外)でととのえる。器に盛り、黒こしょうをふる。

Memo
肉だねは8等分を目安に。スプーンを使ってラフに丸めればOK。

Part 1
15分でいただきます!
ゆる煮込み

たらと白菜、ベーコンの煮込み

淡白なたらと白菜が甘酒のやさしい甘さとよく合います。ブロックベーコンで塩気とうまみをプラス

材料(2人分)

- 甘塩たら(一口大に切る)…2切れ(160g)
- 小麦粉…小さじ2
- 白菜(1cm幅に切る)…200g
- ブロックベーコン(1cm幅に切る)…60g
- 水…100ml
- 甘酒…100ml
- 塩…小さじ1/3
- バター…3g
- とろみの素
  - オリーブオイル・小麦粉…各小さじ2

作り方

1 たらは小麦粉をまぶす。バターを中火で溶かしたフライパンに入れ、表面をさっと焼く。

2 白菜、ベーコン、水、甘酒を加え、煮立ったらふたをして弱めの中火で8分煮る。

3 容器にとろみの素の材料を入れ、混ぜ合わせる。

4 2に塩を加えて混ぜ、火を止める。3を回し入れ、再び中火にかけて煮立たせ、やさしいとろみがついたら、味をみて塩少々(分量外)でととのえる。

豚肉といんげん、アミエビのごま煮込み

アミエビの香ばしさ、すりごまの濃厚なコク、山椒をピリッときかせた、風味豊かな煮込みです

材料(2人分)

豚ロース厚切り肉（とんかつ用／1cm角に切る）…2枚(200g)

さやいんげん（ヘタを取って2～3等分の斜め切り）…150g

アミエビ（乾燥）…大さじ1(6g)

にんにく（みじん切り）…1片

A | 水…300ml
　| 白すりごま…大さじ2
　| 片栗粉…大さじ1
　| 塩…小さじ1/2
　| しょうゆ…小さじ1

粉山椒…適量

ごま油…大さじ1

作り方

1. Aは混ぜておく。フライパンにごま油、アミエビ、にんにくを入れて弱火で熱し、香りが立つまで炒める。

2. 豚肉、さやいんげんを加え、中火でさっと炒める。

3. Aを再びよく混ぜて2に加え、煮立つまで混ぜながら加熱する。

4. 煮立ったら、ふたをして弱めの中火で8分煮る。味をみて塩少々（分量外）でととのえ、器に盛り、粉山椒をふる。

Memo
片栗粉が沈澱するのでAは加える直前にも混ぜ、煮立つまでは混ぜながら加熱します。ご飯にかけても◎。

鶏むね肉のレモン煮 たらこソース

むね肉をレモンの酸味でさっぱりといただきます。明太マヨのソースをかけるとガッツリ味に変身

材料(2人分)

鶏むね肉(5mm厚さのそぎ切り)…1枚(250g)
塩…小さじ1/4
小麦粉…大さじ1
玉ねぎ(繊維に沿って2mm厚さの薄切り)…1/2個
セロリの茎(5cm長さに切って縦2mm厚さの薄切り)…1/2本

A │ 水…200ml
　│ 白ワイン…50ml
　│ レモン汁…大さじ1
　│ ローリエ…1枚

塩…小さじ1/4
粗びき黒こしょう…適量
オリーブオイル…大さじ1

ソース
　明太子(皮を取ってほぐす)…30g
　マヨネーズ…30g
　オリーブオイル…小さじ1
　おろしにんにく…小さじ1/4

1 2
3 4

作り方

1 鶏むね肉は塩をふってなじませ、小麦粉をまぶす。フライパンにオリーブオイルを入れて中火で熱し、鶏肉の表面の色が変わるまで焼く。

2 玉ねぎ、セロリ、Aを加え、煮立ったらふたをして弱めの中火で10分煮る。

3 容器にソースの材料を入れ、混ぜ合わせる。

4 2に塩、黒こしょうを加えて混ぜ、火を止める。3を少しずつかけながらいただく。

サーモンとチンゲン菜の
チリ煮込み

食欲をそそる、ピリ辛の中華風おかず。ほどよく食感を残すためチンゲン菜は時間差で加えます

材料（2人分）

| 生鮭…2切れ（200g）
| 塩…ひとつまみ
| 片栗粉…大さじ1

長ねぎ（白い部分／みじん切り）…1本
ミニトマト（ヘタを取って半分に切る）
　…6個
チンゲン菜（食べやすい大きさに切る）
　…1袋
豆板醤…小さじ1/3
水…300ml
塩…小さじ2/3
ごま油…小さじ2

1 2
3 4

作り方

1. 鮭は塩をふって5分おき、キッチンペーパーで水気をふき、一口大に切って片栗粉をまぶす。フライパンにごま油を入れて中火で熱し、長ねぎと豆板醤をさっと炒める。

2. 1の鮭を加え、軽く炒め合わせる。

3. ミニトマト、水、塩を加え、煮立ったら、ふたをして弱めの中火で6分煮る。

4. チンゲン菜を加え、再びふたをして中火で2分煮たら、さっと混ぜ、味をみて塩少々（分量外）でととのえる。

Memo
ご飯にかけて食べてもおいしいです。

豆腐と長いもの煮込み

豆腐はふわふわ、長いもはホクホク。見た目以上の味の深さに驚きます。疲れた体にしみる味わい

材料(2人分)

絹豆腐…1丁(350g)
長いも(5〜8mmの角切り)…100g
かに風味かまぼこ(粗みじん切り)…50g
料理酒…大さじ1
塩…小さじ1/2
ごま油…小さじ2

作り方

1 フライパンにごま油を入れて中火で熱し、かに風味かまぼこをさっと炒める。

2 豆腐、長いも、料理酒、塩を加える。

3 豆腐をヘラなどでつぶしながら3分炒める。

4 水気が出てきたら、ふたをして弱火で4分煮る。味をみて塩少々(分量外)でととのえる。

Memo
お好みで黒酢をかけると、さっぱりとしたおいしさに。

豚肉とキャベツの塩昆布豆乳煮

塩昆布からいいだしが出ます。まろやかな豆乳にラー油の辛味が加わり、ご飯がすすむおかずに

材料（2人分）

- 豚ロース薄切り肉（しゃぶしゃぶ用／4cm長さに切る）…160g
- 塩…少々
- 片栗粉…大さじ1
- キャベツ（ざく切り）…1/8個（150g）
- A｜水…300ml
  ｜塩昆布…15g
  ｜おろしにんにく…小さじ1/2
- 無調整豆乳…100ml
- 塩…小さじ1/3
- ラー油…適量

作り方

1. 豚肉は塩をふり、片栗粉をまぶす。フライパンにAを入れ、中火にかける。
2. 煮立ったらキャベツを加え、ふたをして弱めの中火で5分煮る。
3. 豚肉を1枚ずつ加え、全体をさっと混ぜ合わせ、火を通す。
4. 豆乳を加え、煮立たせないように2〜3分混ぜながら煮る。塩を加えて混ぜ、味をみて足りなければさらに塩（分量外）でととのえる。器に盛り、ラー油をかける。

Memo
煮立たせると豆乳が分離するので、火加減に注意しながら、煮込みます。

鶏と塩もみ大根の梅コチュジャン煮

梅の酸味とコチュジャンの甘辛さで手の込んだ味わいに。煮汁を吸った細切り大根もたまりません

材料（2人分）

- 鶏もも肉（大きめの一口大に切る／から揚げ用カット肉でもOK）…200g
- 塩…少々
- 片栗粉…小さじ2
- 大根（スライサーで細切り）…250g
- 塩…小さじ1/2
- 梅干し（塩分10%の甘くないもの）…2個
- A｜水…200ml
   ｜コチュジャン…大さじ1と1/2
   ｜みりん…小さじ1
   ｜塩…ひとつまみ
- 米油…小さじ1

作り方

1. 大根は塩をふって10分おき、しっかり水気を絞る。
2. 鶏もも肉は塩をふってなじませ、片栗粉をまぶす。フライパンに米油を中火で熱し、鶏肉を入れて両面をこんがり焼く。
3. 皮をやぶいた梅干し（種ごと）、Aを加えてよく混ぜ、煮立ったらふたをして弱めの中火で2分煮る。
4. 梅干しをヘラでつぶしながら再度よく混ぜたら、1の大根を加え、再びふたをして3分煮る。

Memo
大根を10分おく間に、鶏肉を焼くとスムーズです。

さば缶と納豆のみぞれ煮

さば缶を汁ごと使い、3分煮るだけ。混ぜながら煮て、納豆からとろみを出すのがポイントです

材料（2人分）

さば水煮缶…1缶（190g）
大粒納豆…2パック（80g）
大根…3cm（150g）
A｜水…100ml
　｜薄口しょうゆ…小さじ2
　｜みりん・ごま油…各小さじ1
小ねぎ（小口切り）…適量

作り方

1　大根はすり下ろして水気をきる（正味100gにする）。

2　フライパンにさば缶（煮汁ごと）、納豆、1、Aを入れる。

3　中火にかけ、煮立ったら、混ぜながら3分煮る。

4　味をみて塩少々（分量外）を加えて混ぜ、器に盛り、小ねぎを散らす。

牛肉ときゅうりの煮物

煮たきゅうりはとろとろで冬瓜のような味わい。牛肉をゆでこぼすひと手間で、透き通った煮物に

材料(2人分)

牛こま切れ肉(または切り落とし)
　…160g

きゅうり(ピーラーで皮をむき、
　長さを3等分にして縦半分に切る)
　…2本

A｜水…200ml
　｜削り節…4g
　｜片栗粉…小さじ1
　｜塩…小さじ1/2
　｜薄口しょうゆ…小さじ2

しょうが(せん切り)…適量

作り方

1　フライパンに湯を沸かし、牛肉を入れて色が変わったらすぐにざるに上げ、さっと水洗いして水気を絞る。Aは混ぜておく。

2　1のフライパンをふき、きゅうり、A(片栗粉が沈殿するので直前に再び混ぜる)を入れて強めの中火にかけ、軽く混ぜながら煮立たせる。

3　ふたをして弱火で5分煮たら、1の牛肉を加える。

4　牛肉に煮汁をからめ、火を止める。器に盛り、しょうがをのせる。

Memo
片栗粉が沈殿しないように、煮立つまでは混ぜながら加熱します。

鮭としめじのだし煮

鮭に片栗粉をまぶすと
つるんとした食感に。
かつおのだしがきいた
煮汁に、わさびが隠し味

材料（2人分）

- 生鮭…2切れ（200g）
- 塩…ひとつまみ
- 片栗粉…大さじ1
- しめじ（石づきを切り落としてほぐす）…1パック（150g）
- 水…300ml
- A
  - 削り節…3g
  - 塩…小さじ2/3
  - みりん…小さじ1
  - しょうゆ・練りわさび…各小さじ1/2
- 刻みのり…適量

作り方

1 鮭は塩をふって5分おき、キッチンペーパーで水気をふき、一口大に切って片栗粉をまぶす。フライパンに水を入れ、中火で沸騰させる。

2 1の鮭を加える。

3 しめじを加える。

4 Aを加えてさっと混ぜ、ふたをして中火で5分煮る。器に盛り、刻みのりを散らす。

塩さばの10分アクアパッツァ

塩さばの塩気とうまみを生かし、野菜と一緒にさっと煮るだけ。レモンマヨネーズで味変を

材料（2人分）

塩さば…2切れ
玉ねぎ（繊維に沿って2mm幅の薄切り）…1個
ミニトマト（ヘタを取る）…10個
オリーブオイル…大さじ1
A | 水…300ml
　| 白ワイン…100ml
　| みりん…小さじ2
塩…小さじ1/2
ソース
　| マヨネーズ…大さじ2
　| レモン汁…小さじ2
　| おろしにんにく…小さじ1/4

作り方

1　フライパンに玉ねぎ、塩さばを入れ、ミニトマトを並べてオリーブオイルを回しかけ、Aを加える。

2　中火にかけ、煮立ったら、ふたをして弱めの中火で10分煮る。

3　容器にソースの材料を入れ、混ぜ合わせる。

4　2に塩を加えて混ぜ、器に盛り、3をかけながらいただく。

サルシッチャ風つくねと春菊の煮込み

豆腐とチーズを入れた、ふんわりコクのあるつくね。春菊のほろ苦さがいい仕事をします

材料(2人分)

肉だね
- 豚ひき肉…200g
- 絹豆腐…1/4丁(約85g)
- ピザ用チーズ…20g
- 片栗粉…小さじ1/2
- 塩…小さじ1/3
- おろしにんにく…小さじ1/4
- 粗びき黒こしょう…小さじ1/8

春菊(4〜5cm長さに切る)…1袋
水…200ml
料理酒…大さじ2
オリーブオイル…小さじ2

1 2
3 4

作り方

1 袋に肉だねの材料を入れ、よくもんで混ぜ合わせる。

2 フライパンにオリーブオイルを引き、1の肉だねをおおまかに分けて入れる。

3 中火にかけ、表面が焼けたら木べらでざっくりと切り分け、さらに炒める。

4 春菊、水、料理酒を加え、煮立ったら、ふたをして中火で6分煮る。味をみて塩少々(分量外)でととのえる。

Memo
お好みでレモンを添えてもおいしく食べられます。

段取り力アップ！
30分のタイムスケジュール

Column 1

この3品を調理

- にんじんの炊き込みご飯
- 豚肉とキャベツの塩昆布豆乳煮 (P26)
- 焼きれんこん

私は帰宅後30分で夕飯が食べられるように動いています。炊飯器にご飯をセットし、前半15分で今日食べるものの支度、後半15分で明日の野菜を切っておく"ちょい仕込み"。この流れを習慣にしています。疲れているとやる気スイッチがなかなか入らないけれど、切った野菜があるだけで動き出しやすくなるのです。この本のレシピは材料が少ないので仕込みもラク。煮込みとご飯と簡単な副菜1品で、栄養もボリュームも十分です。

Start
材料を切る — 使う野菜と肉をまとめて切る

にんじんを乱切り、キャベツをざく切り、れんこんを厚めの半月切りにし、豚ロース肉（しゃぶしゃぶ用）を4cm長さに切る。

前日に切っておくと、より時短に。

↓

step 1
ご飯を炊く — 早炊きモードで炊き込みご飯をセット

「洗い米」1合に対して炊飯器の目盛り通りに水加減し、にんじん150g、塩小さじ1/2を入れる（あればローリエも）。炊き上がったらバター1かけを混ぜる。

炊き込みご飯は他の根菜やブロッコリー、かぶなどで作ってもOK。チンゲン菜や小松菜などの葉野菜は粗く刻んで塩もみし、炊き上がったご飯に混ぜれば即席菜飯に。

※洗い米とは、お米をといだ後、ざるに上げて30分ほどおいたもの。その間にお米が付着した水分を吸収し、水につけたのと同じ状態になるので、早炊きでもおいしく仕上がります。冷蔵で2日間保存可能。

↓

step 2
塩昆布豆乳煮を作る — 煮汁を沸かし、キャベツを煮る
↓5分
豚肉、豆乳を加えてさらに煮る
↓2〜3分

約15分で豆乳煮と焼きれんこんは完成

step 3
キャベツを煮ている間に
れんこんを焼く — オリーブオイルを熱したフライパンでれんこんを焼く

塩をふり、両面に焼き色がつくまで弱火でじっくりと焼く。薄く切るとすぐに焼けて慌ただしいので、加熱時間がかかるようにあえて厚めに切っておく。

2品完成

ご飯が炊けるまでの15分はフリータイム

翌日に使う食材や洗い米の準備

あらかじめ食材を切っておくと翌日の調理がぐんとラクに。また、翌日用の洗い米を準備しておくと便利です。他の家事をしたり、疲れていたらボーッとしたり、好きに過ごしてもOK。

約30分　ご飯が炊けたら、いただきます

Part 2 じっくりやわらか ごちそう煮込み

厚切り肉や根菜に
コトコト火を通した
ボリュームある煮込み。
食べごたえがあり、
おもてなしにも。

ほうれん草とチキンの
シチュー

材料(2人分)

鶏もも肉(4等分に切る)
　…1枚(250g)
塩…小さじ1/3
小麦粉…大さじ1と1/2
ほうれん草(4cm長さに切り、
　水に10分ほどつけてアクを抜く)
　…1袋
白ワイン…大さじ2
水…200ml
バター…5g
塩…小さじ1/4
オリーブオイル…大さじ1/2

Memo
鶏肉はキッチンバサミで切るとラク。お好みで粉チーズをかけるとコクがアップ。

牛乳や生クリームを
使わないシチュー。最後に
とろみがつくまでしっかり
煮つめるのがコツです

1 2
3 4

作り方

1 鶏もも肉は塩をもみ込み、小麦粉をまぶす。フライパンにオリーブオイルを入れて中火で熱し、鶏肉を表面がきつね色になるまで焼く。

2 白ワインを加え、強火にして水気がなくなるまで煮つめる。

3 水気をきったほうれん草、水を加え、ひと煮立ちしたら、ふたをして弱めの中火で15分煮る。

4 強めの中火にして水気をとばし、バター、塩を加えて混ぜる。

ヨーグルトで
シュークルート風

材料（2人分）

- 豚ロース厚切り肉
  …2枚（200g）
- 塩…小さじ2/3
- プレーンヨーグルト…150g
- キャベツ（5mm～1cm幅に切る）
  …1/4個（300g）
- 塩…小さじ1/3
- ウインナーソーセージ
  （ロングタイプ）…2本

A
- 水…100ml
- 白ワイン…大さじ2
- ローリエ…2枚
- 粒黒こしょう（粗く刻む）
  …適量

Memo
お好みでヨーグルトを少し
かけて食べるのもおすすめ。

ヨーグルトをもみ込んだ肉はしっとりやわらか。
一緒に煮込むだけで、酸味のある発酵キャベツ風に

1 2
3 4

作り方

1 豚肉は塩をふり、手でのばすようにしてもみ込む。袋に入れ、ヨーグルトを加えてさらにもみ込む。

2 フライパンにキャベツを入れ、塩をふって全体になじませる。

3 1をヨーグルトごと加え、ウインナーをのせる。Aを加えて中火にかけ、ふつふつと沸いてきたらふたをする。

4 弱めの中火で23分煮る。途中で汁気がなくなったら、水大さじ2(分量外)を加えて様子をみる。

Part 2
じっくりやわらか
ごちそう煮込み

45

基本調味料でハヤシライス

材料(2人分)

- 牛切り落とし肉…200g
- 小麦粉…大さじ1

玉ねぎ
(繊維に沿って2mm厚さの薄切り)
…中1個(200g)

しょうゆ…大さじ2

A
- トマトジュース(食塩不使用)
  …200ml
- みりん…大さじ4
- 水・料理酒…各50ml
- ローリエ(あれば)…1枚

バター…15g+2g

ドライパセリ…適宜

Memo

水を加えると肉がほぐれやすく、焦げ目が早くつきます。玉ねぎの焦げ付きもうまみになるので、こそげて炒め合わせてください。

しょうゆの香ばしさを出すことで、デミグラスソースを使わずに、本格的な味に仕上がります

1 2
3 4

作り方

1 牛肉は広げて小麦粉をまぶす。フライパンにバター15gを入れて中火で溶かし、玉ねぎを炒め、しんなりしたら端に寄せて牛肉を加える。水大さじ1（分量外）を肉にふりかけて炒め、ほぐれたら玉ねぎと炒め合わせる。

2 肉にほぼ火が通ったら強めの中火にし、しょうゆを加え、香ばしい匂いが立つまでさらに炒める。

3 Aを加え、煮立ったらふたをして弱火で15分煮る。

4 ふたをはずして強めの中火で2〜3分煮つめ、火を止めてバター2gを加えて混ぜる。お好みでドライパセリを散らす。

Part 2
じっくりやわらか
ごちそう煮込み

47

豚スペアリブと
さつまいものハーブ煮

食材は最小限で、味つけは塩のみ。ハーブの香り、豚のうまみ、さつまいもの甘みを贅沢に堪能して

材料（2人分）

| 豚スペアリブ…300g
| 塩…小さじ1/2
さつまいも
（皮つきのまま1cm幅の半月切り）
…200g
A | 水…350ml
　| 料理酒…大さじ2
　| タイム…1〜2本

1
2
3
4

Memo
冷めてくるとどんどん味が濃くなるので、煮つめすぎに注意。あくまでも「ほんのりしたとろみ」で火を止めます。タイムがなければローリエやローズマリーでもOK。

作り方

1　スペアリブは塩をすり込む。さつまいもをフライパンに入れ、上にスペアリブをのせてAを加え、強めの中火にかける。

2　煮立ったら、ふたをして弱めの中火で20分煮る。

3　さつまいもを軽くつぶす。

4　ほんのりとろみがつくまで煮つめ、味をみて塩少々（分量外）でととのえる。

カジキマグロと
パプリカの煮込み

材料（2人分）

| カジキマグロ…200g
| 塩…ひとつまみ

| 赤パプリカ（縦2等分にして種と
| ヘタを除き、横半分に切って縦に
| 薄切り）…1個
| 塩…ひとつまみ

水…50ml
トマト（ざく切り）…大2個
A | 水…50ml
  | 塩…小さじ1/3
カレー粉…小さじ1
オリーブオイル…小さじ2
とろみの素
オリーブオイル・小麦粉
　…各小さじ2

Memo

カレー粉の代わりに、パプリカと一緒にクミンシード（パウダーでもOK）を炒めるとオリエンタルな風味に。

パプリカとトマトの水分を利用し、素材のうまみを濃縮。カレー粉でエスニックな香りをプラス

1 2
3 4

作り方

1 カジキマグロは塩をふって10分おき、キッチンペーパーで水気をふいて、一口大に切る。フライパンにオリーブオイルを入れて中火で熱し、パプリカと塩を入れて炒める。

2 パプリカから水気が出てきたら水を加え、煮立ったら、ふたをして弱火で10分蒸し煮にする。

3 トマト、1のカジキマグロ、Aを加え、中火で煮立たせたら、ふたをして弱めの中火で10分煮る。

4 火を止めてカレー粉を加え、木べらでトマトをつぶしてなじませたら、混ぜ合わせたとろみの素を回し入れる。再び中火にかけ、混ぜながら1〜2分煮る。味をみて足りなければ塩(分量外)でととのえる。

鶏肉と玉ねぎの ビール煮

ビールで煮ると肉がやわらかくなり、うまみが増します。調味料はシンプルなのに、深い味わいに

材料（作りやすい分量／2〜3人分）

- 鶏もも肉（6等分に切る）…1枚（300g）
- 塩…小さじ1
- 小麦粉…大さじ1
- 玉ねぎ（繊維に沿って4mm幅の薄切り）…1個
- 塩…少々
- ミニトマト（ヘタを取る）…6個
- にんにく（つぶす）…1片
- A | ビール…1缶（350㎖）
    | みりん…大さじ1
- 粗びき黒こしょう…適量
- オリーブオイル…大さじ1と1/2

作り方

1. 鶏もも肉は塩をすり込んで小麦粉をまぶす。フライパンにオリーブオイルを入れて中火で熱し、鶏肉を表面がきつね色になるまで焼く。
2. 玉ねぎと塩を加え、玉ねぎが透き通るまで炒める。
3. ミニトマト、にんにく、Aを加え、しっかり煮立ったら、弱めの中火で10分煮る。
4. ふたをして少し火を弱め、さらに10分煮る。味をみて塩（分量外）でととのえ、器に盛って黒こしょうをふる。

Memo

みりんを加えることで短い煮込み時間でもコクが出て、ビールの苦味も和らぎます。

豚こま団子と納豆の
ポークビーンズ風

豚こま肉団子はジューシーで食べごたえ抜群。
大粒納豆はくせが少なくホクホクとした食感に

材料（2人分）

| 豚こま切れ肉…160g
| 塩・砂糖…各ひとつまみ
| 片栗粉…小さじ2

しょうが（みじん切り）…1片（15g）
トマト（1〜1.5cmの角切り）
　…中2個（300g）
大粒納豆…2パック（80g）
塩…少々

A | 水…50ml
　| みりん…大さじ1
　| しょうゆ…小さじ2
　| 片栗粉…小さじ1

粉チーズ…適量
オリーブオイル
　…小さじ1と1/2

1 2
3 4

作り方

1　ボウルまたはポリ袋に豚肉、塩、砂糖を入れてもみ込み、片栗粉をまぶしてさらにもみ込み、なじませる。Aは混ぜておく。フライパンにオリーブオイル、しょうがを入れ、弱火で炒める。

2　しょうがの香りが立ったら火を止め、1の豚肉を小さめの一口大に丸めて並べる。

3　中火でさっと焼いて肉の色が変わったら、トマト、納豆、塩を加え、よく混ぜながら5分炒める。

4　トマトの形がなくなったらAを加え、ひと煮立ちしたら、ふたをして弱火で8分煮る。味をみて足りなければ塩（分量外）でととのえ、器に盛り、粉チーズをかける。

Memo
弱火で少し長めに煮ると、煮汁と納豆がよくなじみます。お好みでタバスコをかけても。

鶏肉とれんこんと しいたけの梅煮

焼き色をつける、煮る、火を止めて放置。この手順で、いつもの煮物がワンランク上のごちそうに

材料（2人分）

- 鶏もも肉…1枚（250g）
- 塩…少々
- れんこん（1cm幅の半月切り）…100g
- しいたけ（軸を取って十字に切り込みを入れる）…2個
- 梅干し…大2個（塩分10％の甘くないもの）
- A
  - 水…200㎖
  - 昆布…3g
  - みりん…大さじ1
  - しょうゆ…小さじ1
  - 塩…小さじ1/2
- オリーブオイル…小さじ1

作り方

1. 鶏もも肉は塩をふる。フライパンにオリーブオイルを入れて強めの中火で熱し、鶏肉を皮目を下にして入れ、れんこんを加えて焼く。
2. 鶏肉とれんこんに焼き色がついたら返し、しいたけを加え、さらに焼き色がつくまで焼く。
3. A、皮をやぶった梅干し（種ごと）を加え、煮立ったら弱火にし、ふたをして15分煮る（7～8分煮たら一度鶏肉を返す）。
4. 火を止めて5分おいたら、鶏肉を取り出して切り分け、他の具材や煮汁とともに器に盛る。

Memo

梅をくずして肉につけながらいただきます。れんこんの代わりにごぼうを使ってもおいしいです。

手羽元と根菜の昆布しょうゆ煮

根菜がゴロゴロ入った、ホッとする和風おかず。昆布と一緒に煮れば、だしをとる手間いらず

材料（2人分）

- 鶏手羽元（フォークで数か所刺す）…5本
  塩…少々
  片栗粉…小さじ2
- れんこん（皮をむいて小さめの乱切り）…60g
- ごぼう（泥を洗って小さめの乱切り）…60g
- 里いも（皮をむいて食べやすい大きさに切る）…小2個
- A｜水…300ml
  　｜昆布…3g
  　｜しょうゆ・みりん…各大さじ2
  　｜酢…大さじ1
  　｜おろしにんにく…小さじ1
  　｜塩…ひとつまみ
- 米油…小さじ1

作り方

1. 鶏手羽元は塩をすり込んで片栗粉をまぶす。フライパンに米油を入れて中火で熱し、鶏肉、れんこん、ごぼうを加えて焼く。
2. 鶏肉にこんがり焼き色がついたら、A、里いもを加える。
3. 煮立ったら、ふたをして弱めの中火で20分煮る。
4. 火を強めて軽く煮つめる。

Memo
にんじんなど好きな根菜で作ってもOKです。

鶏ごぼう クリームシチュー

材料（2人分）

鶏むね肉（1cm角に切る）…150g
塩…ひとつまみ
小麦粉…大さじ2
ごぼう
（四つ割りにして1cm幅に切る）
…150g
塩…ひとつまみ
A｜水…150ml
　｜料理酒…大さじ2
牛乳…200ml
柚子こしょう…小さじ1
三つ葉（ざく切り）…適量
バター…10g

Memo
ご飯と一緒に盛りつけて。

鶏のうまみやごぼうの香りを引き出す丁寧な調理で極上の味に。柚子こしょうをピリッときかせて

作り方

1 鶏むね肉は塩をふってなじませ、小麦粉をまぶす。フライパンにバターを入れて中火で溶かし、ごぼうと塩を入れ、香りが立つまで5分ほど炒める。

2 Aを加え、煮立ったら、1の鶏肉を加えてよく混ぜる。

3 ふたをして弱めの中火で8分煮たら、牛乳、柚子こしょうを加える。

4 とろみがつくまで強めの中火で2分ほど煮たら、火を止め、味をみて塩少々（分量外）でととのえる。器に盛り、三つ葉をのせる。

トマト豚じゃが

トマトの酸味が加わると、特別感のある肉じゃがに。しゃぶしゃぶ用を使うとやわらかく仕上がります

材料(2人分)

- 豚ロース薄切り肉（しゃぶしゃぶ用／食べやすい大きさに切る）…160g
- しょうゆ…大さじ1と1/2
- 片栗粉…小さじ1と1/2
- じゃがいも（食べやすい大きさに乱切り）…中2個
- トマト（4等分のくし形切り）…大1個（200g）
- A 水…100ml
  - 料理酒…50ml
  - みりん…大さじ2
- 青じそ（せん切り）…適量

作り方

1. ボウルまたはポリ袋に豚肉としょうゆを入れてもみ込み、片栗粉も加えてなじませる。
2. フライパンにじゃがいも、トマト、Aを入れて中火にかけ、煮立ったらふたをする。
3. 弱めの中火で15分煮たら、1を加える。
4. トマトを軽くつぶし、よく混ぜながら肉に火が通るまで煮る。器に盛り、青じそをのせる。

気分に合わせて
盛りつけも変化

Column
2

　料理は盛りつけ方で印象がガラリと変わります。煮込んだ肉と野菜が混ざった状態で盛りつけると日常的な料理に、肉と野菜を皿の中でエリアを分けて盛りつけるとワンランクアップした特別な料理に見えるから不思議。飲食店でも、町中華などカジュアルなお店ではいろいろな具材が混ざって盛られていて、フレンチなど高級感のあるお店では、具材を分けて盛りつけられていることが多いように思います。具材を別々に盛ることで、本当は1品なのに2品作ったかのように見えるのも、うれしいポイントです。同じ料理でも盛りつけ方ひとつで、気分が変わるのでぜひお試しください。

　食材はたくさんの種類を使うより、数を絞った方が逆にリッチに見えます。色に統一感が出て洗練された印象になるのです。食材数が少ないとひとつひとつの素材の味が際立つ上に、作るのもラクです。さらに切り方でも変わります。小さく切った野菜がたくさん混ざっていると普段の家庭料理の印象に、大きく切った野菜がゴロゴロ入っていると贅沢な感じがします。

　器は汁気を受けとめてくれる深めの鉢をよく使います。煮込みや蒸し料理だけでなく、丼ものやスープなどにも合い、用途が広いところがお気に入り。スープはお椀だけでなく、スープ皿に盛ると気分が変わって楽しいです。

Daily

肉と野菜を混ぜて盛りつけた「豚肉といんげん、アミエビのごま煮込み」(P18)。

Special

大きめに切った具材を分けて盛った「鶏肉とれんこんとしいたけの梅煮」(P56)。

64

Part 3
うまみを引き出す
フライパン蒸し

すべての材料を入れて
火にかけるだけ。
手軽に作れて、
素材のやさしい味を
感じる一皿です。

サーモンとキャベツの ハーブ蒸し

ハーブが香るくたくたの キャベツが美味。やさしい 味のサーモンに濃厚な クリームチーズがよく合う

材料（2人分）

| サーモン（刺身用さく／ 2等分に切る）…160g
| 塩…小さじ1/3
A | せん切りカットキャベツ （市販）…2袋（300g）
| 白ワイン…大さじ3
| みりん…大さじ1
| 塩…小さじ1/3
| ローズマリー…1本
クリームチーズ…30g
オリーブオイル・レモン （くし形切り）…各適量

Memo
ローズマリーがなければローリエでもOK。クリームチーズをつけながらいただきます。お好みで塩をふっても。

作り方

1 サーモンは全体に塩をふる。クリームチーズは常温にもどしてやわらかくしておく。

2 フライパンにAを入れ、ふたをして中火にかけ、5分蒸し煮にする。

3 全体をよく混ぜて1のサーモンをのせ、再びふたをして弱めの中火で3分蒸し煮にする。

4 器に盛り、クリームチーズをのせてオリーブオイルをたらし、レモンを搾る。

Part 3
うまみを引き出す
フライパン蒸し

まるごとピーマンと豚バラのポン酢蒸し

ピーマンは丸ごと蒸すと甘みが増し、種までおいしく食べられます。にんにくでおかず感アップ

材料(2人分)

- 豚バラ薄切り肉
  (食べやすい大きさに切る)
  …160g
- 片栗粉…小さじ2
- ピーマン…4個
- A │ 水…100ml
    │ ポン酢…50ml
    │ 料理酒…50ml
    │ おろしにんにく
    │ …小さじ1

作り方

1 豚肉は片栗粉をまぶす。ピーマンはフォークで穴をあける。

2 フライパンに1、Aを入れて強めの中火にかけ、煮立ったらふたをして弱めの中火で5分蒸す。

3 豚肉を混ぜてほぐし、ピーマンを菜箸で押さえて軽くつぶしたら、再びふたをしてさらに5分蒸す。味をみて足りなければ塩少々(分量外)でととのえる。

Memo
豚肉はキッチンバサミで切るとラク。ピーマンは穴をあけたところから軽く破って中を確認してください。

シーフードとオクラの
バジル蒸し

冷凍シーフードミックスで魚介のだしをお手軽に。オクラは大きめに切ると、食べごたえが増します

材料（2人分）

シーフードミックス（冷凍）
　…1袋（160g）

オクラ（ヘタとガクを取って斜め半分に切る）
　…1袋（6〜8本）

玉ねぎ（1cm幅のくし形切り）
　…1/4個

ベーコン（粗みじん切り）…1枚

にんにく（つぶす）…1片

バジル…5枚

白ワイン…50ml

オリーブオイル…大さじ1

塩…小さじ1/3

Memo
水500mlに塩大さじ1をよく溶かすと、塩分濃度3％の食塩水になります。

作り方

1　シーフードミックスは塩分濃度3％の食塩水につけて表面の氷を溶かし、よく洗ってキッチンペーパーで水気をふき取る。

2　フライパンにすべての材料を入れて中火にかけ、煮立ったら、ふたをして弱めの中火で8分蒸す（途中で一度、全体を混ぜる）。

牡蠣とごぼうの
しょうがじょうゆ

牡蠣のエキスでオイスターソースのような味わいに。ご飯やお酒によく合う、しっかり味のおかずです

材料（2人分）

牡蠣…200g

ごぼう（小さめのささがき）
　…1本（150g）

しょうが（せん切り）…1片（15g）

A｜料理酒…大さじ2
　｜しょうゆ・みりん
　｜　…各大さじ1
　｜塩…ひとつまみ

小ねぎ（小口切り）・
　レモン（くし形切り）…各適量

作り方

1　塩水を入れたボウルに牡蠣を入れ、やさしく混ぜながら汚れを落とす。水の濁りがなくなるまで水を替えながら数回繰り返す。

2　フライパンにごぼう、牡蠣を入れ、しょうがを散らし、Aを回しかける。中火にかけて煮立ったら、ふたをして弱火で8分蒸す。

3　全体をざっと混ぜ、汁気が残っていたら、火を強めて軽く煮つめる。器に盛り、小ねぎを散らしてレモンを添える。

鶏むね肉と小松菜の
ビネガー蒸し

野菜の上でゆっくり蒸した肉はしっとり、やわらか。小松菜のほろ苦さと酸味で、異国感のある料理に

材料(2人分)

| 鶏むね肉(皮を取る)
| …1枚(250g)
| 塩…小さじ1/4
| ごま油…大さじ1
小松菜(粗く刻む)…1袋(200g)
塩…小さじ1/2
料理酒…50ml
A | 水…50ml
| 酢…小さじ1
| しょうが(せん切り)
| …1片(15g)
粗びき黒こしょう…適量
酢・ごま油…各適宜

作り方

1 鶏むね肉は全体に塩をすり込み、ごま油を塗る。

2 フライパンに小松菜を入れたら塩をふって全体をなじませ、料理酒を加える。ふたをして弱めの中火で5分蒸す。

3 さっと混ぜ、1をごま油ごとのせてAを加え、煮立ったら再びふたをして弱火で15〜18分蒸す。

4 肉を取り出し、一口大にスライスして器に盛る。小松菜と煮汁をかけ、塩少々(分量外)と黒こしょうをふる。お好みで酢、ごま油を少しかけながらいただく。

Memo
肉の厚みによって、蒸し時間は適宜調整してください。

あさりと長ねぎ、わかめのガーリックオイル蒸し

オリーブオイルで蒸すと風味がよく、しっとり。あさりのだしを吸ったわかめと長ねぎが絶品

材料(2人分)

あさり…180g
乾燥わかめ…12g
長ねぎ(白い部分/斜め切り)
　…1本
にんにく(薄切り)…1片
A | 水…100ml
　　白ワイン…大さじ2
　　オリーブオイル…小さじ2
　　塩…小さじ1/4
しょうゆ…小さじ2

Memo
温度計がない場合は、沸騰した湯に冷水を同量加えるとほぼ50℃になります。しょうゆの分量はあさりの塩気によって調整してください。

作り方

1　あさりは50℃の湯に浸し、5分おいて砂抜きし、洗って水気をきる。

2　わかめはたっぷりの水につけて10分ほどおき、ざるに上げて水気をよくきる。

3　フライパンに長ねぎとにんにく、1、2、Aを入れ、中火にかける。煮立ったらふたをして中火で5分蒸す。ふたを取り、水気が残っていれば火を強めて水気をとばし、火を止めてしょうゆをまわしかけ、さっと混ぜる。味をみて足りなければさらにしょうゆ(分量外)でととのえる。

味噌漬け豚ロースと白菜の酒蒸し

味噌漬け豚肉をのせて蒸すと白菜にも味がしみ込みます。クリームチーズの濃厚な蒸し汁と一緒に

材料（2人分）

| 豚ロース厚切り肉（とんかつ用）…2枚（200g）
| 味噌…大さじ1と1/2
| 料理酒…大さじ1と1/2
| 白菜（1.5cm幅に切る）…300g
| 塩…ひとつまみ

水…100ml

クリームチーズ…30g

粗びき黒こしょう…適量

作り方

1 ポリ袋に豚肉、味噌、料理酒を入れ、しっかりもみ込んで10分おく。

2 フライパンに白菜を入れて塩をふり、全体を混ぜる。1を調味料ごとのせ、水、クリームチーズを加える。

3 ふたをして中火で5分蒸し、弱めの中火にしてさらに15分蒸す。

4 豚肉を取り出す。混ぜながら白菜とクリームチーズをなじませ、軽く汁気が残る程度に火を強めて2〜3分煮つめる。豚肉と一緒に盛りつけ、黒こしょうをふる。

酒蒸し塩ぶり大根

トマトの酸味がきいた、あっさり味のぶり大根。大根はスライスすると、短時間で火が通ります

材料 (2人分)

- ぶり…2切れ (180g)
- 塩…小さじ1/3
- 大根 (2〜3mm幅の輪切り)…150g
- 塩…小さじ1/4
- にんにく (薄切り)…1片
- ミニトマト (ヘタを取る)…6個
- 水…100ml
- 白ワイン…50ml
- 粗びき黒こしょう…適量

作り方

1. ぶりは全体に塩をふって5分おき、キッチンペーパーで水気をふき取る。
2. フライパンに大根を入れて塩をふり、さっと混ぜ合わせる。1をのせ、にんにく、ミニトマト、水、白ワインを加え、ふたをして中火で12分蒸す。
3. 器に盛ってぶりに塩少々 (分量外) をふり、全体に黒こしょうをふる。

Memo
大根でぶりを巻いて食べるとおいしいです。

Part 3 うまみを引き出す フライパン蒸し

牛にんじん

最小限の食材で、驚くほど贅沢な味わい。肉のうまみがしみた甘いにんじんが主役。からしをつけてどうぞ

材料（2人分）

| 牛角切り肉（カレー用）…160g
| 塩…小さじ1/2
にんじん（小さめの乱切り）…1本
にんにく（つぶす）…1片
A | 水…150ml
  | 料理酒・みりん
  |　…各大さじ1
  | しょうゆ…小さじ1
  | ローリエ…1枚
練りからし…適量

作り方

1　牛肉は塩をふり、粒子がなくなるまでしっかりもみ込む。

2　フライパンに1、にんじん、にんにく、Aを入れて中火にかけ、煮立ったらふたをして弱めの中火で15分蒸す。

3　汁気が残っていたら火を強めて、少なくなるまで煮つめる。器に盛り、練りからしを添える。

Memo
牛肉はほどよく脂が入っているものがおすすめ。

Part 3
うまみを引き出す
フライパン蒸し

豆腐と豚ひき肉の
フライパン蒸し

豆腐たっぷりの肉だねは
ふわふわの軽い食感で、
ぺろりと完食できます。
クレソンの香りも◎

材料（作りやすい量／2〜3人分）

A | 豚ひき肉…150g
　| 木綿豆腐…350g
　| 塩…小さじ1/2
　| 白いりごま・おろしにんにく・
　| おろししょうが・しょうゆ
　| 　…各小さじ2

クレソン（茎と葉を分け粗く刻む）
　…50g
水…50ml
ごま油…小さじ1

作り方

1　袋にAとクレソンの茎を入れてもみ込み、よく混ぜる。

2　フライパンにごま油を引き、1の肉だねを広げ入れる。縁から水を加え、ふたをして中火で5分蒸したら、弱火にしてさらに5分蒸す。クレソンの葉を散らす。

Memo
クレソンの代わりに小ねぎ1束でも。または何も入れなくてもOK。

Part 3
うまみを引き出す
フライパン蒸し

鶏肉とまるごとなすの
なつかし蒸し煮

なすは隠し包丁を入れて丸ごと蒸すと中まで味がしみてジューシー。小さく切った鶏肉はだし要員

材料(2人分)

鶏もも肉(2〜3cm角に切る)
　…200g
なす…4本
A｜水…100ml
　｜料理酒…100ml
　｜みりん…大さじ2
しょうゆ…小さじ2
おろししょうが…適量

Memo

パンチが欲しい場合は、最後にごま油をほんの少し香りづけ程度にたらしても。

料理酒は、清酒または塩が入っていない料理酒100mlに塩小さじ1/4〜1/3をよく溶かしたものでもOK。より上品な仕上がりに。

作り方

1　なすはヘタを取り、5mm間隔で縦に切り込みを入れる。

2　フライパンに鶏肉、1、Aを入れて強めの中火にかけ、しっかり煮立たせたら、ふたをして中火で8分蒸し煮にする。なすを返し、再びふたをして弱めの中火で7分、汁気がほとんどなくなるまで蒸し煮にする。

3　汁気が残っていたら軽く煮つめ、火を止めてしょうゆを加え、なすを返しながら全体にからめる。器に盛り、おろししょうがをのせる。

ブロッコリーとたこ、じゃがいものガーリックオイル蒸し

デリのサラダのような、おつまみにもなる一品

材料(2人分)

ゆでたこ (2〜3cm大のぶつ切り)…130g
じゃがいも (1.5cmの角切り)…中1個
ブロッコリー (小房に分ける)…1株
にんにく (薄切り)…1片
水…150ml
白ワイン…大さじ1と1/2
塩…小さじ2/3
オリーブオイル・粒マスタード…各適量

作り方

1 フライパンにたこ、じゃがいも、ブロッコリー、にんにく、水、白ワインを入れて強めの中火にかけ、煮立ったらふたをして中火で8分蒸す。

2 塩を加え、混ぜながら火を強めてしっかり水気をとばす。器に盛り、オリーブオイルを回しかけ、粒マスタードを添える。

豚肉とりんごの
ワイン蒸し

りんごと豚肉を一緒に
食べて。バターでコクを

材料(2人分)

| 豚ロース厚切り肉(とんかつ用)…250g
| 塩…小さじ2/3

| りんご(皮をむいて芯を取り、1cm幅のくし形切り)
| …1個
| 塩…ひとつまみ

バター…10g
水…100ml
白ワイン…大さじ1
粗びき黒こしょう…適量

作り方

1 豚肉は塩をふり、粒子がなくなるまでしっかりもみ込む。

2 フライパンにりんごを入れて塩をふる。1をのせ、バター、水、白ワインを加えて中火にかけ、煮立ったらふたをして弱火で20分蒸す。

3 汁気が残っていたら、火を強めて少なくなるまで煮つめる。器に盛り、黒こしょうをふる。

ひらひらズッキーニと豚肉の梅蒸し

スライスしたズッキーニは味がよくしみ、新食感

材料（2人分）

豚バラ薄切り肉（しゃぶしゃぶ用）…150g
ズッキーニ（両端を切り落としてピーラーで縦にスライスする）…大1本
料理酒…50ml
梅干し…大2個（塩分10％の甘くないもの）
みょうが（せん切り）…適量

作り方

1　フライパンにズッキーニを入れ、豚肉を1枚ずつ広げる。酒、皮をやぶった梅干し（種ごと）を加え、ふたをして中火で5分蒸す。

2　梅干しをつぶしながら全体をざっと混ぜてなじませたら、再びふたをして弱めの中火で3分蒸す。火を止め、味をみて足りなければ塩（分量外）でととのえる。

3　器に盛り、みょうがをのせる。

鶏もも肉とまいたけの
ナンプラーバター蒸し

まいたけの独特な風味が
ナンプラーと好相性

材料(2人分)

鶏もも肉(4等分に切る)…1枚(250g)
まいたけ(粗く刻む)…1パック
A│料理酒…50ml
 │水…50ml
 │バター…10g
 │ナンプラー…大さじ1
 │みりん…大さじ1/2
粗びき黒こしょう…適量

作り方

1 フライパンに鶏肉、まいたけ、Aを入れ、中火にかける。ひと煮立ちしたら、ふたをして弱めの中火で8分蒸す(4分くらい蒸したら一度鶏肉を返す)。

2 火を強めて煮汁に軽いとろみがつくまで煮つめ、器に盛って黒こしょうをふる。

お好みのオイルで
味変を楽しんで

Column
3

　オイルを使い分けるとレパートリーが広がります。プレーンな料理には太白ごま油や米油などの植物油を。オリーブオイルは万能ですが、どちらかというと洋風の料理に。ごま油は中華やアジアンテイストの料理に。

　これを踏まえてオイルを使い分けると、手軽に味変が楽しめます。たとえば、「小松菜とベーコンのガーリックスープ」(P109)はオリーブオイルをごま油にすると洋風から中華風に。「あさりと長ねぎ、わかめのガーリックオイル蒸し」(P76)はオリーブオイルをごま油に変え、白ワインを酒(あれば紹興酒)にすると、一気に味わいが変わります。

　ごま油はオイルの中でも風味が強いので、「トマト豚じゃが」(P62)などノンオイルの料理の最後に少したらすと、パンチが出て香りよく仕上がります。

　コクを出したいときはバターを。「焼き鶏手羽と長ねぎの柚子スープ」(P104)はごま油をバターに変え、柚子をレモンにしてレモンバター風味で作ってもおいしいです。「切干大根とウインナーのマスタードスープ」(P107)は、バターを1かけ落とすとリッチな味わいに。

　辛味を足したいときはラー油が便利です。「豆腐と豚ひき肉のフライパン蒸し」(P84)は仕上げにラー油をかけても◎。

風味のよいエキストラバージンオリーブオイルと京都・山田製油のごま油を愛用。

シンプルな味つけで
だしいらずなのに、
驚くほどうまみたっぷり。
おかずにもなる
大満足スープです。

Part 4
基本調味料で作る
おかずスープ

大根と豚肉のスープ

塩だけで素材のうまみを
味わうシンプルスープ。
しょうがとにんにくで、
しっかり満足感もあり

材料 (2人分)

豚ロース薄切り肉 (しゃぶしゃぶ用
　／食べやすい大きさに切る) …120g

大根
　(皮をむいて5mm厚さのいちょう切り)
　…150g

A｜水…400ml
　｜塩…小さじ2/3
　｜おろししょうが
　｜　…1片分 (15g)
　｜おろしにんにく…1片分

Memo

仕上げに黒こしょうをふっ
たり、すだちを搾ってもお
いしいです。

作り方

1　フライパンにA、大根を入れて中火にかけ、煮立ったら、ふた
　　をして弱火で5分煮る。

2　火を強めて豚肉を加え、煮立ったらふたをして弱火で5分煮
　　る。味をみて足りなければ塩 (分量外) でととのえる。

Part 4
基本調味料で作る
おかずスープ

たらと水菜の梅ローリエスープ

鍋では定番の組み合わせを少し洋風に。いつもは脇役のローリエの風味をちゃんと感じられます

材料(2人分)

甘塩たら（食べやすい大きさに切る）
　…1切れ(100g)
水菜（食べやすい大きさに切る）
　…1/2束
A｜水…400ml
　｜白ワイン…大さじ2
　｜塩…小さじ2/3
　｜みりん…小さじ1
梅干し（塩分10％の甘くないもの）
　…大1個
ローリエ…1枚
オリーブオイル…小さじ1
粗びき黒こしょう…適量

作り方

1　フライパンにA、皮をやぶった梅干し（種ごと）、ローリエを入れ、中火にかける。

2　煮立ったら梅干しを軽くつぶし、たらを加え、ふたをして火が通るまで弱火で2分ほど煮る。

3　水菜を加え、さっと煮て火を止める。器に盛り、オリーブオイルを回しかけて黒こしょうをふる。

鶏肉とトマトの味噌キムチスープ

ほどよいピリ辛でご飯にも合うおかずスープ。煮る前に具材をよく炒めてうまみを引き出します

材料（2人分）

鶏もも肉（小さめの一口大に切る）…120g

トマト（8等分に切る）…中1個（200g）

白菜キムチ…50g

塩…少々

味噌…大さじ1

A│水…250ml
　│みりん…大さじ1と1/2
　│しょうゆ…大さじ1/2

植物油…小さじ1

作り方

1 フライパンに植物油を入れて中火で熱し、鶏肉、トマトを入れて塩をふり、あまり触らずにじっくり焼く。

2 トマトから水分が出てきたら、トマトを軽くつぶして鶏肉と炒め合わせ、味噌、汁気をきったキムチを加え、さらに炒める。

3 Aを加え、煮立ったらふたをして弱火で10分煮る。味をみて足りなければ塩（分量外）でととのえる。

Memo

お好みでごま油を回しかけ、小ねぎをトッピングしても。

かぶと鶏ひき肉の昆布だしスープ

バターと昆布を合わせた和洋折衷な一皿。鶏のうまみとかぶの甘みが溶け出したスープは幸せな味

材料（2人分）

鶏ももひき肉…160g

かぶ（皮をむいて5mm幅のいちょう切り）…小4個

塩…小さじ$1/3$＋適量

A｜水…400ml
　｜昆布…4g

バター…5g

ドライパセリ…適宜

作り方

1　フライパンにバターを入れて中火で溶かす。鶏ひき肉を入れて塩ひとつまみをふり、あまり触らずにじっくり焼く。

2　肉の色が変わったら、かぶを加えて塩ひとつまみをふり、かぶから水分が出てくるまでさらに炒める。Aを加え、煮立ったらふたをして弱火で15分煮る。

3　昆布を取り出し、火を強めてお玉でかぶをつぶしながら軽く煮つめ、塩小さじ$1/3$を加えて混ぜる。火を止め、味をみて足りなければさらに塩でととのえる。器に盛り、お好みでドライパセリを散らす。

アボカドと豚肉、トマトのピリ辛スープ

タバスコを入れた
メキシカンなおかずスープ。
アボカドとチップスをのせ、
味と食感に変化を

材料（2人分）

豚バラ薄切り肉
　（食べやすい長さに切る）…120g

ミニトマト（ヘタを取る）…10個

塩…ひとつまみ

アボカド（1.5cmの角切り）
　…1/4個

A｜水…350ml
　｜おろしにんにく…1片分
　｜おろししょうが
　｜　…1片分（15g）
　｜みりん…大さじ1
　｜塩…小さじ1/3
　｜しょうゆ…小さじ1
　｜タバスコ…小さじ1/2

オリーブオイル…小さじ1

トルティーヤチップス…適宜

作り方

1　フライパンにオリーブオイルを入れて中火で熱し、豚肉、ミニトマト、塩を入れて炒める。

2　トマトがやわらかくなって水分が出てきたらAを加える。ひと煮立ちしたら少し火を弱め、トマトを軽くつぶしながら1～2分煮て、ふたをして弱火で5分煮る。味をみて足りなければ塩（分量外）でととのえる。

3　器に盛ってアボカドをのせ、お好みで割ったトルティーヤチップス、タバスコ少々（分量外）をかける。

Part 4
基本調味料で作る
おかずスープ

103

焼き鶏手羽と長ねぎの柚子スープ

鶏手羽からじっくりだしを
とったやさしいスープは
体にしみわたります。
柚子の香りがさわやか

材料（2人分）

鶏手羽中半割り…200g

長ねぎ（白い部分／
4cm長さのぶつ切り）…2本分

水…400ml

塩…小さじ1/2

柚子果汁…小さじ1

柚子の皮（せん切り）…適量

ごま油…小さじ1

作り方

1 フライパンにごま油を入れて中火で熱し、鶏手羽中、長ねぎを
入れ、焼き色がつくまでじっくり焼く。

2 水を加え、しっかり煮立ったら、ふたをして弱めの中火で3分、
さらに火を弱めて18分煮る。

3 塩、柚子果汁を加えて混ぜ、味をみて足りなければ塩（分量外）
でととのえる。器に盛り、柚子の皮をのせる。

Memo

柚子の代わりにすだちやレ
モンを使っても。

Part 4
基本調味料で作る
おかずスープ

高菜漬けの
ミネストローネ

トマトなしでも大満足。
高菜の塩気がカギです

材料（作りやすい量／2〜3人分）

高菜漬け（粗く刻む）…80g

余り野菜（にんじん、セロリ、玉ねぎなど／
　5mm〜1cmの角切り）…200g

ブロックベーコン（5mm〜1cmの角切り）
　…40g

塩…少々

水…500ml

オリーブオイル…大さじ1と1/2

作り方

1　フライパンにオリーブオイルを入れて中火で熱し、野菜とベーコンを入れ、塩をふって炒める。

2　野菜がしんなりしたら、高菜漬けを加えてさっと炒め、水を加える。煮立ったらふたをして弱めの中火で5分、火を弱めて10分煮る。

Memo

野菜はピーマン、じゃがいもなども合います。お好みのものでどうぞ。玉ねぎ1/4〜1/2個（50〜100g）は必ず入れてください。

切干大根とウインナーのマスタードスープ

乾物×ウインナーで想像以上のうまみが出ます

材料（2人分）

切干大根…15g
ウインナーソーセージ（1cm幅に切る）
　…2本
水…400ml
粒マスタード…大さじ1
塩…小さじ1/2

作り方

1　切干大根は軽く洗って食べやすく切り、水気を絞る。

2　フライパンに1、ウインナー、水を入れて中火にかけ、煮立ったらふたをして弱火で5分煮る。

3　粒マスタード、塩を加えて混ぜ、味をみて足りなければさらに塩（分量外）でととのえる。

Memo

お好みでドライパセリをふっても。

油揚げとしらす、白菜のスープ

うまみ食材を組み合わせ、白菜の甘みを引き出して

材料(2人分)

白菜(1.5cm幅に切る)…150g
油揚げ(横半分に切って1cm幅に切る)…1枚
しらす…30g
塩…ひとつまみ+小さじ1/3
水…400ml
おろししょうが…小さじ2
バター…8g

作り方

1　フライパンにバターを入れて中火で溶かし、白菜を入れて塩ひとつまみをふり、しんなりするまで炒める。

2　しらす、水を加え、煮立ったら油揚げを加え、ふたをして弱めの中火で8分煮る。

3　塩小さじ1/3、おろししょうがを加えて味をととのえる。

小松菜とベーコンの ガーリックスープ

茎と葉を分けて火を通し、シャキッとした食感に

材料（2人分）

小松菜（茎と葉に分けて4〜5cm長さに切る）…1束
ベーコン（1cm幅に切る）…1枚
にんにく（薄切り）…1片
赤唐辛子…1/2本
A｜水…400ml
　｜料理酒…大さじ2
塩…小さじ1/2
オリーブオイル…大さじ1

作り方

1. フライパンにオリーブオイルを入れて中火で熱し、小松菜の茎、ベーコン、にんにく、赤唐辛子を入れて炒める。

2. 茎に油がまわってつやが出てきたら、Aを加える。煮立ったら小松菜の葉を加え、ふたをして弱めの中火で5分煮る。塩を加えて味をととのえる。

食材別さくいん

肉類

ウインナーソーセージ……44,107

牛角切り肉……………………83

牛切り落とし肉………………46

牛こま切れ肉…………………33

鶏手羽中……………………105

鶏手羽元………………………59

鶏むね肉………………21,60,75

鶏もも肉
……29,42,53,57,87,91,99

鶏ももひき肉…………13,15,101

豚こま切れ肉…………………55

豚スペアリブ…………………49

豚バラ薄切り肉……69,90,103

豚ひき肉……………………39,85

豚ロース厚切り肉
……………………19,44,79,89

豚ロース薄切り肉……27,63,95

ベーコン…………17,71,106,109

魚介類

あさり…………………………77

甘塩たら……………………17,97

アミエビ………………………19

牡蠣……………………………73

カジキマグロ…………………50

かに風味かまぼこ……………25

さば水煮缶……………………31

サーモン………………………67

塩さば…………………………37

シーフードミックス…………71

しらす…………………………108

生鮭…………………………23,35

ぶり……………………………81

明太子…………………………21

ゆでたこ………………………88

野菜・果物・ハーブ類

青じそ…………………………13,63

赤パプリカ……………………50

アボカド………………………103

オクラ…………………………71

かぶ……………………………101

キャベツ………………27,44,67

きゅうり………………………33

クレソン………………………85

小ねぎ………………………31,73

ごぼう…………………59,60,73

小松菜…………………………75,109

さつまいも……………………49

里いも…………………………59

さやいんげん…………………19

じゃがいも…………………63,88

春菊……………………………39

しょうが………………………33,55,
73,75,85,87,95,103,108

ズッキーニ……………………90

セロリ………………………21,106

大根……………………29,31,81,95

タイム…………………………49

玉ねぎ…21,37,46,53,71,106

チンゲン菜 ·················23
トマト ···········50,55,63,99
長いも ·················25
長ねぎ ···········23,77,105
なす ·················13,87
にんじん ···········83,106
にんにく ·········15,19,21,27,
　　　　37,39,53,59,69,71,77,
　　　　81,83,85,88,95,103,109
白菜 ···········17,79,108
バジル ·················71
パセリ ·················15
ピーマン ·················69
ブロッコリー ·················88
ほうれん草 ·················42
水菜 ·················97
三つ葉 ·················60
ミニトマト ·····23,37,53,81,103
みょうが ·················90
柚子 ·················105
りんご ·················89
レモン・レモン汁
　　　·········13,15,21,37,67,73
れんこん ···········57,59
ローズマリー ·················67
ローリエ ·····21,44,46,83,97

きのこ類

しいたけ ·················57
しめじ ·················35
まいたけ ·················91

海藻類

乾燥わかめ ·················77
刻みのり ·················35
昆布 ···········57,59,101
塩昆布 ·················27

大豆製品

油揚げ ·················108
絹豆腐 ···········25,39
豆乳 ·················27
納豆 ···········31,55
木綿豆腐 ·················85

乳製品

牛乳 ···········15,60
クリームチーズ ···········67,79
粉チーズ ·················55
生クリーム ···········13,15
ピザ用チーズ ·················39
プレーンヨーグルト ·················44

その他、加工品など

甘酒 ·················17
梅干し ···········29,57,90,97
切干大根 ·················107
高菜漬け ·················106
トマトジュース ·················46
トルティーヤチップス ·········103
白菜キムチ ·················99
ビール ·················53

111

長谷川あかり

料理家、管理栄養士。1996年、埼玉県生まれ。10歳から子役・タレントとして活動し、NHK『天才てれびくんMAX』など、さまざまな番組に出演する。20歳で芸能界を引退し、22歳で大学へ進学。栄養学を学んだ後、2020年にSNSでレシピ投稿を開始。シンプルながらも意外性のある食材の組み合わせや、体にやさしいレシピがたちまち大反響となり、人気アカウントに。雑誌、WEB、テレビなどで幅広くレシピ開発を行う。著書に『クタクタな心と体をおいしく満たす　いたわりごはん』(KADOKAWA)、『つくりたくなる日々レシピ』(扶桑社)、『米とおかず』(光文社) など。

Staff

デザイン	芝 晶子（文京図案室）	取材・文	矢澤純子
撮影	宮濱祐美子	撮影協力	UTUWA
スタイリング	山田晶子	編集	松本あおい

フライパンひとつで作る ゆるごちそう
煮込み・蒸し・スープ

2025年1月20日　第1刷発行

著者	長谷川あかり
発行人	見城 徹
編集人	菊地朱雅子
編集者	松本あおい
発行所	株式会社 幻冬舎
	〒151-0051 東京都渋谷区千駄ヶ谷4-9-7
	電話　03(5411) 6211(編集) 03(5411) 6222(営業)
	公式HP　https://www.gentosha.co.jp/
印刷・製本所	中央精版印刷株式会社

検印廃止

万一、落丁乱丁のある場合は送料小社負担でお取替致します。小社宛にお送り下さい。
本書の一部あるいは全部を無断で複写複製することは、法律で認められた場合を除き、著作権の侵害となります。定価はカバーに表示してあります。

©AKARI HASEGAWA, GENTOSHA 2025
Printed in Japan　ISBN978-4-344-04396-1 C0077

この本に関するご意見・ご感想は、
下記アンケートフォームからお寄せください。
https://www.gentosha.co.jp/e/